Le Service d'Amour

Jochen Blumenthal
Traduit par Nicolas Turban

Série *Initiation*, Volume 4

Maison d'édition *La Loi Une*
Das Gesetz des Einen-Verlag
(Allemagne)
Email: contact@laloiune.eu

Jochen Blumenthal
Traduction: Nicolas Turban

ISBN 978-3-945871-21-8

Table des matières

Préface

Servir – c'est la libre décision d'une âme mature et spirituellement adulte, que de revenir au concept original du Créateur et de la Création dans laquelle toutes les parties du Créateur servent chacune les autres, la Création et le Créateur. Ce service est le véritable service, la véritable raison d'être. C'est le Service d'Amour de notre Créateur.

Avec une profonde gratitude pour le travail de Don Elkins, Carla L. Rueckert et son mari Jim McCarty, qui ont investi leurs vies et énergies pour l'élévation spirituelle de leurs semblables.

Nous remercions également chaleureusement les entités galactiques qui nous aident et nous guident dans notre évolution spirituelle à travers leurs présences et les informations inspirantes qui servent notre apprentissage qu'ils nous donnent à connaître.

Dans l'Amour et la Lumière

Jochen Blumenthal et Nicolas Turban

1

Le service est vraiment naturel

Le service est très naturel et c'est la raison pour laquelle nous sommes sur Terre maintenant. C'est la voie du Créateur. C'est le plan de la Création. Tout, au sein de la Création revêt de l'accomplissement d'un service. La végétation qui est abondante sur notre planète réalise un service, mais nous ignorons ce fait. Les animaux de notre planète rendent un service, mais cela est également largement ignoré. Les fleurs, l'air que nous respirons, l'eau, tout accomplit un service, mais cela est ignoré. Si cette réalité était pleinement prise en considération, il deviendrait évident que tout, au sein la Création, existe pour accomplir un service.

Cela réuni tous les enfants du Créateur. Chacun d'entre nous est ici pour accomplir un service. Ceci est le plan de la Création infinie. C'est ainsi que cela fonctionne. Il suffit de le comprendre, et alors tout devient possible. Malheureusement, ce principe n'est pas compris sur notre planète. Vraiment peu de ceux qui vivent sur la planète comprennent la simplicité et la totalité de ce plan, cependant c'est le fonctionnement de la Création. Il est seulement nécessaire que tu le comprennes et œuvres au meilleur de ta capacité.

Accomplis ces services pour tes semblables, et ainsi toi aussi, tu seras sur le chemin qu'a planifié notre Créateur à tous.

Afin de servir tes semblables, il est nécessaire de servir en parfait accord avec leurs désirs et leurs besoins. Personne ne peut les déterminer pour quelqu'un d'autre. Par conséquent, si ces désirs et ces besoins résident en dehors des limites de ta capacité ou de ton désir de servir, il vaut mieux rester à l'écart.

Nos semblables s'exclament à bien des égards pour beaucoup de choses. Ils sont en recherche, mais pour la plupart ils ne savent pas ce qu'ils cherchent... Bientôt, ils chercheront ton service!

2

Trois façons d'expérimenter l'Amour

Il y a trois façons d'atteindre la connaissance de l'Amour.

La première façon est de se détendre et de laisser le mental au repos. Cette méthode est la méditation. Si cela est fait sur une base quotidienne, alors le mental n'aura plus la possibilité de tenir à l'écart l'Amour qui est toujours présent. Ainsi, tu prendras conscience de la véritable Création et de sa signification.

La deuxième voie est d'aller à la rencontre des personnes de notre planète et de les servir. Ils nous renverront de l'Amour, nous absorberons cet Amour et l'accumulerons à l'intérieur de notre Être.

Cependant, le service envers notre peuple doit être effectué d'une manière telle que c'est le service qui est souhaité et demandé qui est rendu. Ne faites pas l'erreur, ainsi que beaucoup des nôtres l'ont fait, d'essayer d'imposer un service non désiré ou non sollicité à son voisin.

De nos jours sur notre planète, aller de l'avant et servir son prochain, exige beaucoup d'attention et de planification, car c'est actuellement plutôt difficile à accomplir, les interprétations du service variant grandement.

C'est pourquoi, il est nécessaire que nous comprenions ce qu'est le service, pour que le nôtre soit efficace. Cela ne peut se faire qu'en suivant la première étape ou méthode est en faisant de sa méditation un temps régulier dans la vie quotidienne.

La troisième méthode est de donner tout ce que nous avons à votre prochain. Si nous faisons cela, alors nous ne serons pas encombrés par les possessions matérielles. Ainsi, une partie de notre Amour ne sera plus orienté vers les biens matériels.

Porter de l'amour aux biens matériels est un gâchis extrême de nos capacités. C'est une erreur qui est faite par la plupart d'entre nous sur cette planète.

Il est nécessaire, si l'on veut essayer cette méthode de «gagner en Amour», de se séparer du désir des choses matérielles.

Chacune de ces trois «avenues» peut être utilisée. Chacune produira des résultats. Actuellement, il n'est cependant pas toujours facile de travailler et de vivre au sein d'une société comme la nôtre et d'appliquer toutes ces méthodes pour connaître l'Amour. C'est pourquoi il peut être suggéré ou recommandable de commencer par la première méthode dans un premier temps.

Mes amis, la méditation nous permettra de décider dans quelle mesure nous pouvons employer les deux autres méthodes. En effet, il est parfois peu pratique d'essayer de suivre à la lettre ces deux suggestions car il est possible que ceux que nous essayerons de servir ne comprennent pas notre service. Il est cependant recommandé de se souvenir de chaque méthode, car elles sont toutes trois très importantes.

Une grande partie des conflits parmi les hommes est survenue sur notre planète dans son histoire en raison de l'attachement des peuples ici-bas pour les possessions matérielles. Ceux-ci suivent un faux concept: le concept de propriété des biens.

Tout est fait de Lumière. Toutes ces possessions, tout ce qui existe, pourrait en fait être considéré comme la Création / le Créateur s'appartenant Elle-même / Lui-même (ou faisant partie de Nous).

Le Créateur a pourvu suffisamment de matériel pour tout le monde dans l'entièreté de l'espace. Il n'est pas nécessaire de convoiter ces matériaux, car ils font tous partie de nous.

À l'heure actuelle, il y a beaucoup de conflits sur notre planète. Il y a beaucoup de convoitise en termes de propriétés, mais cela ne servira à rien aux convoiteurs, car même s'ils peuvent acquérir, comme ils le pensent ces propriétés, leurs possessions apparentes, seront extrêmement éphémères.

3

Se qualifier pour le service

Il est nécessaire que chacun serve à sa manière. Si vous pouvez comprendre comment servir, alors votre service sera efficace. Il est nécessaire de se servir de la méditation pour connaître ce sujet. De nombreuses personnes de notre planète tentent de servir, de bien des façons, mais elles ne sont pas toutes efficaces.

Ils n'ont pas profité du Créateur par la méditation. Le service, mes amis, doit être accompli avec soin. Cependant, il doit toujours être accompli. Il est cependant nécessaire que nous soyons qualifiés, si nous voulons servir. Ces qualifications comprennent de très nombreuses de choses, dont chacune peut être obtenue par la méditation. Quand une personne est entièrement prête à servir, alors il est temps d'aller de l'avant et d'effectuer le service. Il n'est cependant pas sage d'agir au-delà de nos limites.

Nous connaîtrons notre capacité à servir en profitant de cette connaissance par la méditation.

Beaucoup de personnes, parmi les leaders de nos sociétés tentent de servir les êtres de notre planète, mais ils ne sont pas conscients de la nécessité de la méditation. Si ce travail sur Soi n'est pas entrepris, il est très difficile de servir avec intelligence.

Il est nécessaire que tous ceux qui servent le peuple de la Terre passent du temps en méditation. On ne saurait trop insister sur cette nécessité, parce que la méditation permet d'éliminer la possibilité de faire des erreurs qui auront pour effet d'annuler le bénéfice du service.

4

Deux classes de service

Les êtres de notre planète considèrent le service de différentes façons. Il existe cependant une conception du service qui est quelque peu différente de ce que la plupart des gens pensent.

Le service est une mission extrêmement difficile si l'on veut être efficace. Il faut tout d'abord définir les objectifs du véritable service dans le but de comprendre comment on peut servir. Il faut distinguer deux classes au sein desquelles tous les services peuvent être répartis. La première classe englobe tous les services de nature transitoire ou non durable. Ce sont les services que nous accomplissons dans le cadre de nos activités quotidiennes envers notre prochain, et ce sont de véritables services.

Toutefois, il existe un examen qui peut être effectué afin de déterminer si le service rendu est de nature transitoire ou non, ou s'il doit être classé dans la deuxième catégorie, qui comprend tous les services de nature permanente et non transitoire. Cela consiste à déterminer si le service est d'une telle nature qu'il suscite une croissance spirituelle chez ceux qui sont servis ou non. Ceci - que la personne en soit consciente ou qu'elle l'ait oublié - est en vérité son seul objectif réel.

Les habitants de notre planète sont, pour la plupart, dans un état d'ignorance par rapport à leur véritable objectif, qui est l'évolution de leur conscience spirituelle. Ainsi, il est nécessaire que ce service soit offert si l'on veut que la deuxième classe de service soit rencontrée.

Chacune de ces deux familles de service est souhaitée. Cependant, la deuxième famille de service est de loin la plus importante à l'heure actuelle.

Il est nécessaire que, dans l'hypothèse où une personne désire progresser spirituellement parlant, que ce soit le résultat d'une recherche intérieurement dirigée, plutôt que d'un commandement extérieur orienté par une organisation de nature religieuse ou d'une autre nature. Malheureusement, beaucoup de personnes en cette période sur Terre, sont tant impliquées dans des activités qui sont d'une nature extrêmement transitoire et sans importance qu'elles n'ont pas les opportunités de vivre la croissance d'une conscience qui est essentielle pour accomplir la recherche qu'elles désirent réellement.

5

Le Créateur apprécie ton service

Il n'est pas nécessaire que nous nous valorisions nous-mêmes dans nos tentatives de servir. Il est seulement nécessaire que nous servions. Cela sera apprécié par le Créateur, car, mes amis, le Créateur est tout ce qui existe. Il est aussi impossible de séparer le Créateur de la Création qu'il est impossible de se séparer nous-mêmes de la Création.

Apprécions alors, cette Unité. Apprécions notre Unité avec le Créateur et la Création. Si cela est fait, alors les autres objectifs seront de très peu de valeur. En effet, c'est ce que le Créateur a assigné à toutes les parties de la création: agir de manière à servir. Il n'a pas précisé ce service et il ne l'a pas exigé. Il en a simplement donné la possibilité.

Il n'est pas nécessaire que nous recherchions des opportunités de servir. Il est seulement nécessaire que nous servions du mieux que nous puissions, en fonction des circonstances qui se présentent par elles-mêmes. Il est impossible de servir si l'on ne sait pas comment servir, et il n'est pas possible, dans notre état particulier de conscience, de savoir comment servir, à moins que cette connaissance ne soit recherchée par la méditation quotidienne.

Ainsi, le processus est assez simple. Il est seulement nécessaire qu'une personne prenne conscience de la façon de servir par la méditation. Il est alors seulement nécessaire qu'elle serve, alors que les opportunités de service se présentent en elles-mêmes. Si ces simples actions sont accomplies, elles satisferont à toutes les exigences qui ont été déterminées par notre Créateur.

6

L'extase au service du Créateur

Le désir du Créateur a été de fournir une expérience pour toutes Ses parties qui accompliraient en totalité le désir de toutes Ses parties. Cependant, puisque toutes Ses parties ont le même désir, il devrait être évident que ce désir est de servir les autres parties. C'est ainsi que nous interprétons le fonctionnement de la Création. C'est pourquoi, en chaque personne à travers toute la Création, il existe un désir de servir la Création de toutes les manières qui soient.

Ce désir habite chacune des personnes, tous les êtres de cette planète, car tous sont une partie du Créateur.

Il est possible de satisfaire ce désir. Le Créateur a fait l'effort de ne fournir que du bien à tous ses enfants. Puisque tous Ses enfants font partie du Créateur, et puisque nous sommes en Vérité tous Un et que tout est Un, il y a en chaque être individuel, dans toutes les parties de la Création, l'impulsion du désir d'une tentative de servir. Cela est naturel. La planète sur laquelle tu te trouves te sert. La croissance de la Terre te sert. Son atmosphère est à ton service. Son eau te sert. Toute la Création te sert. Tu sens l'énergie du Soleil, il te sert.

Ce principe est simplement le concept original du Créateur qui s'exprime à travers toutes Ses parties, car ce concept demeure inchangé. De ce fait, tu découvriras que tu n'obtiendras ce que tu désires réellement que si tu es au service du reste de la Création. C'est une loi naturelle. Cette loi est la Création.

Nous sommes à Son service. Nous sommes dans notre service, au service des autres et nous nous tenons au service de la Création, car nous avons compris qu'en faisant partie du Créateur et en ayant en nous l'expression qui a été engendrée à l'origine, il n'est possible de réaliser le désir qu'à travers le service. C'est pour cette raison que nous sommes ici maintenant, pour t'apporter notre service. Cela répond à notre désir. Cela accomplit le désir du Créateur. L'ensemble du processus est la simplicité en elle-même.

Et c'est cela la Création: la simplicité. Il est seulement nécessaire que te le comprennes et que tu agisses de manière à réaliser ton désir, en son véritable sens, qui est de t'unir à nouveau en totalité avec la Création originelle et authentique.

Si tu veux comprendre en quoi et comment servir actuellement, il est nécessaire que tu le trouves au travers de la méditation, car c'est le seul processus qui te permettra de comprendre dans sa totalité cette information. Ainsi, il est nécessaire que tu consacres du temps chaque jour à la méditation et que tu prennes conscience de la manière de réaliser ton désir de servir.

Lorsque tu auras accompli cela, tu découvriras que tu vis quelque chose de phénoménal! Ce sera un événement qui dépasse tes rêves les plus fous! Cela sera d'une nature que tu pourrais considérer comme impossible actuellement, mais cela se manifestera.

Beaucoup de citoyens de cette planète servent en ce moment-même. Ils servent de différentes façons. Cependant, seul un faible pourcentage d'entre eux réalise réellement leur désir de servir, car ce que l'on pourrait appeler le service «aveugle» n'est pas aussi efficace que le service rendu consécutivement à la connaissance acquise dans la méditation.

Il est donc important d'apprendre comment servir mais également qui devrait être servi. Si tu veux savoir comment servir et qui doit être servi, alors médites! Car cette connaissance réside en toute entité à travers la Création, car Elle est la Création, et c'est Son désir: servir. Servir toutes Ses parties, afin que chacun fasse l'expérience de l'extase qu'Elle a créée originellement et qui existe en toi et tout autour de toi.

7

Augmenter la vibration spirituelle de la planète

A l'heure actuelle, seules quelques personnes cherchent des occupations praticables en dehors de l'illusion physique qui occupe constamment leurs esprits de trivialités. La plupart des gens sont impliqués dans des activités plus ou moins anodines. Cependant, «leur affaire» semble être de la plus haute importance pour eux. L'importance apparente de leurs activités dénuées de sens n'est qu'une dissimulation de leur incapacité à apaiser leur esprit actif et à revenir à la conscience de la Réalité qui peut être acquise par la méditation.

Les activités qui semblent si importantes pour les habitants de cette planète à l'heure actuelle sont si transitoires qu'elles sont en réalité négligeables, comme le sont toutes les activités dans le monde physique, à l'exception des activités de service envers son prochain. Car à travers le service, tu construis ta conscience de la Vérité. C'est la raison de la Vie, comme tu le sais, dans le monde physique.

La raison est de faire l'expérience du service. Car servir signifie développer très efficacement une compréhension profonde et complète du plan du Créateur pour la Création. En ce plan réside le concept de service. Par Son Amour, Il a insufflé en chacune des parties de cette Création le désir de servir. Ce désir de servir se retrouve au sein de tout ce qui existe. Cela réside à l'intérieur de la planète que tu foules mais aussi au sein de la végétation et l'atmosphère. Tout ce qui te concerne existe pour servir, et chaque entité maintiendra cette conscience de son désir de servir, comme le fait la végétation de cette planète, comme le fait l'atmosphère que tu respires, comme le font toutes les âmes au service du Créateur infini si elles ne deviennent pas impliquées trop intensément dans les pensées qui émergent de l'indépendance de leur liberté de choix.

Ainsi, cette expérience est ce que de nombreux peuples de cette planète ont besoin en ce moment: une occasion d'agir et de faire la démonstration de ce désir de servir. Bien des personnes qui vivent maintenant à la surface de cette planète agissent de manière à servir leurs semblables. Certains de ces désirs de service sont malheureusement mal orientés. Ce n'est pas une mauvaise chose pour l'individu car tout ce qui est nécessaire, c'est que ce désir se réalise. Cependant, il est parfois malheureux que le service soit mal compris et mal orienté, car il n'est pas aussi efficace dans ce cas qu'il ne l'aurait été avec une orientation plus intelligente.

Pour cette raison, il est recommandable que tous ceux qui tenteront de servir se prévalent eux-mêmes d'une connaissance de la manière de servir. Cela peut être réalisé par la méditation quotidienne, et ce n'est qu'ainsi que l'on peut servir intelligemment.

Il existe de nombreuses façons de servir, cependant la connaissance de l'objectif réel du service est d'une grande importance. Avant de commencer ton service, passe donc du temps en méditation, car il y a beaucoup d'illusions de service qui se traduisent finalement par peu ou pas de service.

Si tu désires servir de manière efficace, tu réaliseras ainsi ce qui est nécessaire à cette fin.

Tu peux aider à élever la vibration spirituelle de la planète. Tout ce que tu as à faire pour cela est d'ouvrir ta conscience par la pratique de la méditation quotidienne. Profite de l'intelligence créative de notre Créateur infini. La Création a été engendrée par le pur Amour du Créateur. En enfantant cette Création, Il a conçu une Création dans laquelle toutes les parties serviraient toutes les autres parties.

8

La vibration de ton désir

Le désir est une chose qui habite chacun des enfants du Créateur. Le désir de chacun d'entre eux, est cependant différent. La nature de ce désir dépend du niveau vibratoire de l'individu. Plus la vibration est faible, plus le désir est élémentaire. Plus la vibration est élevée, plus le désir est élevé.

Tu découvriras qu'en augmentant ta vibration par la méditation, la recherche et le service, que ton désir changera.

Les choses désirées par ceux qui sont fermement enfermés dans l'illusion physique ne sont pas celles désirées par ceux qui sont au seuil de la liberté. Et la raison de l'apparition de ce seuil de liberté est le désir, qui va de pair avec une conscience accrue ou une vibration plus élevée.

Comment, alors, est-il possible d'aboutir à ce que tu désires réellement, c'est-à-dire de soustraire de ta pensée les désirs de toute nature, à l'exception de ceux liés l'Unité avec la Création et ceux du service pour ton prochain?

La technique pour ce faire est simple mes amis. Nous l'avons affirmé à maintes reprises. Il s'agit de se servir soi-même de la Réalité et de la Vérité de la Création à travers la méditation, et ensuite d'agir sur la base des désirs générés par cette action. Ces désirs seront quelque peu différents de ceux que tu aurais éprouvés avant de passer du temps en méditation et en recherche.

Le désir de chercher sera généré par la recherche. C'est un phénomène qui s'auto-entretien.

9

L'homme: principalement préoccupé par le fait de se servir lui-même.

Il y a deux possibilités. La première est d'être au service du Créateur infini. L'autre est de servir différemment. La définition d'«être au service du Créateur infini» est très simple. Elle s'applique à ceux qui vont de l'avant, dans cet univers infini, avec un but qu'ils comprennent comme étant un but désiré par leur Créateur. Cet objectif, ils l'ont déterminé par la compréhension des principes qui régissent cette Création.

Il existe de multiples façons d'être au service du Créateur infini. Il est possible pour une personne de faire la démonstration de sa connaissance de ce service à tout moment. Pour ce faire, tu dois comprendre ce que tu fais. Pour comprendre ce que tu fais, il est nécessaire que tu médites, que tu profites toi-même de la connaissance fournie par notre Créateur à tous.

Sur notre planète à l'heure actuelle, il y a de très nombreuses personnes qui rendent d'innombrables services. Cependant, très peu de ces services sont des services d'une nature que l'on pourrait considérer comme étant au service de notre Créateur infini. L'homme est avant tout préoccupé par le fait de se servir lui-même.

Il y a bien des manières de servir, et il y a de nombreuses tentatives de service. Cependant, une grande partie du service rendu sur cette planète, qui est une tentative de servir notre Créateur, n'est pas un service d'une nature propre à le servir.

La raison en est toujours la même. C'est à cause d'un manque de méditation. Qui pratique la méditation n'a pas de questions au sujet du service.

Sur une planète comme la nôtre, qui n'est pas familière de la voie du service, il est très difficile de servir son prochain. Pourtant, nos semblables ont grandement besoin de ce service. L'homme sur Terre est extrêmement confus. Pour la plupart, il a perdu la vision, presque entièrement, de la Réalité. Il a construit une myriade d'illusions, et ces illusions sont si fortes qu'il est enfermé à l'intérieur et ne peut pas être servi.

Pour cette raison, il lui sera nécessaire de vivre les fortes réactions catalytiques de son environnement physique, afin qu'il puisse sortir de l'illusion qu'il s'est lui-même fabriquée. Beaucoup de ceux qui sont enfermés dans leur propre illusion sont, néanmoins, d'une nature enthousiaste et désireuse de servir à la lumière de notre Créateur.

Cela, mes amis, est extrêmement simple. Il n'est pas nécessaire de se perdre dans le maillage complexe de la recherche intellectuelle que l'homme sur Terre semble tant affectionner. Il est seulement nécessaire de se servir d'une compréhension qui n'est pas de nature intellectuelle. Et cela peut être fait dans la méditation quotidienne. Il est seulement nécessaire que l'homme élève sa conscience, afin qu'il saisisse la compréhension de son Unité et de son Unité avec la Création et le Créateur.

10

Gagner en compréhension par la méditation et le montrer par le service

La compréhension est étroitement liée au service. Cela ne signifie pas que quiconque doit être entraîné dans un service. Personne ne devrait être brimé dans son libre arbitre et le choix de ses actions futures ne devrait pas être décidé pour lui (ou elle).

Gagner de la compréhension par la méditation et en faire la démonstration dans le service: c'est la voie que de nombreux enseignants spirituels de cette Terre ont essayée de nous montrer. Il est important de la chercher. C'est la première constante. Une fois la recherche devenue normalité, alors les compréhensions nous poussent avant sur le chemin du développement spirituel.

En améliorant simplement la compréhension, tout le monde peut faire un grand bout de chemin. Cependant, la compréhension la plus exaltée et la plus pure reste une coquille vide si elle n'est pas exprimée. Il y a une limite au-delà de laquelle vous ne pouvez aller dans la compréhension si vous ne choisissez pas d'exprimer votre compréhension par la démonstration à travers le service. La raison de ce fait est l'une des lois les plus simples de la Réalité. Il y a un équilibre en toutes choses. Chaque chose qui semble être une chose est également le contraire. Si vous souhaitez recevoir, alors il vous suffit de donner. Cela est une loi.

Après les premiers pas, on gravit le sentier étroit de la compréhension à travers le service. C'est par le service envers les autres que l'on progresse spirituellement. Chaque entité que tu rencontres est toi-même à l'envers, l'autre face de toi, l'autre face de la pièce - la face que tu ne peux pas voir de toi-même et qui se retourne soudainement pour que tu puisses la voir. Et tu es là. Sers ton prochain. Je voudrais te le suggérer, car je te souhaite vivement de progresser sur le chemin de l'Esprit.

11

Votre service sera recherché

Le service est un concept très difficile à transmettre et à enseigner aux personnes de notre planète car c'est un concept spirituel qui déconcerte l'intellect, l'esprit rationnel et la raison logique mentale. La chose la plus difficile à accepter au sujet du service est le fait que tu ne peux pas donner de service. Il n'existe aucun moyen de donner un service. Le service doit être accompli.

Il existe une loi naturelle qui régit le libre arbitre absolu de chaque particule de conscience en développement dans l'Univers. Chaque entité de notre planète qui profite de la conscience humaine physique à cet instant, dispose d'un Univers complet au sein duquel rien ne peut advenir sans son approbation expresse. De très, très nombreuses choses se produisent, au sein des Univers de ceux du monde physique, qui ne semblent pas expressément désirées. Mais en Vérité, ce qu'il advient au sein de l'environnement de chaque entité est ce qu'elle a désiré. Rien d'autre ne peut s'y produire.

Par conséquent, il n'y a aucun moyen de donner un service à une entité. Il y a seulement la possibilité, pour chaque entité, de demander et d'accepter le service d'une autre entité. Ceux qui ont commencé la recherche et qui tentent d'apprendre comment servir peuvent découvrir de plus en plus les difficultés du service.

Mais laisse-toi être encouragé. Prenons l'exemple d'un arbre qui produit des fruits. L'arbre consacre beaucoup de temps, beaucoup d'amour, beaucoup de soin et toute son énergie à produire le fruit comestible qu'il offre ensuite à quiconque désire prendre le fruit. Cela est son service mais il est possible qu'un arbre traverse un cycle complet sans pouvoir être bénéfique à quelque entité que ce soit. Ainsi au lieu d'avoir été au service, l'arbre n'a pas pu donner de ses fruits. Cependant, l'arbre ne se décourage pas car il a connaissance de plusieurs points. Malgré sa conscience limitée, il sait qu'après le temps du repos, il sera à nouveau prêt à servir et il est conscient que, même si son fruit se dessèche et tombe au sol, les graines qu'il contient peuvent engendrer, pendant de nombreuses et de nombreuses années à venir, d'autres arbres fruitiers et d'autres fruits ainsi qu'une quantité illimitée de service.

Dans l'illusion physique, il n'est pas possible de savoir avec précision quels peuvent être tes objectifs de service à court terme. Cependant, il est suffisant pour ton avancement spirituel, que tu sois prêt à servir en demeurant dans la lumière d'une conscience spirituelle et que tu répondes à toute demande de service quelle qu'en soit l'origine.

Le fait de demeurer dans la transcendance (ou dans le royaume de l'Esprit) que tu atteins par la méditation constante est du plus grand des services. Pense un moment au sens des cinq dernières années de ta vie. Les événements ne deviennent-ils pas plus clairs sur cette longue période de temps, détachée des illusions du moment? Ce qui est censé se produire viendra à se réaliser par les procédés que tu rencontres chaque jour. Tu commenceras alors à nourrir de plus en plus ta conscience avec la Réalité que tu désires en Vérité en ta conscience spirituelle.

Ne crains pas de ne pas être au service. Sois seulement prêt pour le service, car on te le demandera sûrement lorsque tu seras prêt à servir.

Le plus grand désir que l'on puisse éprouver est d'être serviteur. La bonne façon de désirer servir est de souhaiter servir, en toute occasion, chaque entité qui demande le service. Il y aura de nombreuses occasions pour chacun d'entre nous de servir. Il n'y a pas de service spécial, car tout service est unique. La capacité de servir peut être découverte grâce à la méditation et lorsque celle-ci est acquise, il est du privilège du découvreur de l'utiliser pour le bénéfice de tous.

Dans tes activités quotidiennes, tu pourrais souvent te demander quel chemin de service tu désires emprunter. Ne t'interroge pas sur ce chemin, car si tu désires vraiment servir ton chemin te sera donné. Si tu désires servir, marche le chemin et ne parcoure pas la dernière partie du chemin sans marcher complètement la première. Tu ne peux pas réaliser ce qui est à venir sans faire l'expérience de ce qui précède. La patience de chaque entité est requise afin d'être au service, car dans ton service tu feras l'expérience de beaucoup de choses qui mettront ta patience à l'épreuve. De ta patience, la Foi jaillira, la Foi en la tentative de t'emplir de l'Amour du Père comme Il a l'intention de le faire pour toi. Ne fais que ce que cet Amour demande. Rien d'autre n'est nécessaire pour servir.

Ton plus grand service est ton Amour pour toute la Création. Aimer n'importe quelle portion c'est aimer Tout , et aimer Tout c'est aimer n'importe quelle portion. Ne sépare pas les deux car il n'y a que l'Unité. Ne refuse pas ton service à quiconque le désire, et si ton désir est de servir, cela sera ainsi.

Sois vraiment conscient de tes désirs avant de les recevoir et sois conscient que ces désirs se réaliseront. Si c'est un désir que tu as manifesté à travers la patience, tu ne pourras peut-être pas profiter de l'expérience du désir.

Si tu désires vraiment servir, ne te soucie pas de la façon dont tu peux servir ou dont tu serviras. Consacre-toi uniquement à développer ta conscience par la méditation et tes opportunités te seront présentées. Tu n'as pas besoin de chercher (NDT : le service ou les situations) pour pouvoir servir. Ton service sera sollicité. Dans le court laps de temps qui te reste, développe ta capacité à servir si cela est ton désir.

12

La décision complètement libre de devenir un être humain adulte

Nous, les humains de la Terre, sommes fascinés par quantité de choses. Nous sommes fascinés par ces choses parce que nous sommes des enfants, de vrais enfants dans le sens évolutif de ce vaste Univers.

Il y a quelques êtres humains sur Terre qui ne sont pas tellement fascinés par les choses de l'enfance, qui cherchent des choses dont profitent ceux que l'on pourrait considérer et qualifier d'adultes. S'il est possible de servir les humains de la Terre, alors, il doit d'abord être rendu possible de servir ces adultes. Les enfants n'ont pas besoin d'être alarmés pendant que les adultes sont contactés. Les adultes comprennent le message. Les enfants ne le comprendront jamais. C'est malheureux, mais ce sont les conditions qui existent sur notre planète.

C'est à toi, si tu désires servir, de servir les adultes de cette planète en les contactant. Il ne sera aucunement utile d'essayer de servir les enfants avec cette information, car ils ne la comprendront pas. Peu importe comment tu l'exprimes ou comment tu le prépares pour eux, ils ne le comprendront pas. Car, comme tu le sais, un enfant ne comprend pas beaucoup de concepts. Prépare-toi donc à servir les adultes! Prépare-toi à bien les servir. Car, en tant qu'adultes, ils exigeront que toi aussi, tu parles en tant qu'adulte. Nous parlons des adultes qui sont mûrs dans un sens spirituel. De nombreuses personnes sont plutôt matures par rapport à la maturité moyenne de la planète. Ils ignorent tout simplement la Vérité, la Réalité de la Création dans laquelle ils existent.

Sers-les, ceux qui comprendront! Il est très simple pour toi de les identifier, car ils comprendront, l'enfant ne comprendra pas. Ne dessers pas l'enfant en lui imposant quelque chose qu'il ne peut pas comprendre. Sers ceux qui cherchent. Sers ceux qui vont initier leur recherche très prochainement. Et rappelle-toi, si tu dois servir ceux qui sont adultes, il sera nécessaire que tu parles avec la connaissance d'un adulte.

Pour cette raison, il est grandement nécessaire que la méditation soit pratiquée quotidiennement. Car c'est ainsi et seulement ainsi qu'une personne peut prendre conscience intellectuellement de ce qu'il est nécessaire de donner à ceux qui cherchent. Cette capacité ne peut être obtenue d'aucune autre manière.

Nombreux sur notre planète sont ceux qui, dans un sens spirituel, ont atteint l'âge adulte. Cependant, beaucoup d'entre eux sont très mal informés. Ils sont capables d'agir et de faire la démonstration d'une partie de la connaissance du Créateur mais ils sont pour la plupart inconscients de bien des choses qui doivent être accomplies par la recherche active de la Vérité qui peut être effectuée à tout moment par la méditation si on le désire.

Il est nécessaire de servir ceux qui cherchent! C'est aussi simple que cela. Il n'est possible de sensibiliser que très légèrement ceux qui ne cherchent pas, car ils ne chercheront tout simplement pas à comprendre. Ce sera toujours à nous, qui vivons à la surface de cette planète, de transmettre à nos frères et sœurs ce qu'ils désirent: la Vérité de la Création.

C'est la voie de la Vérité, ainsi a-t-elle été donnée par le Créateur: les personnes sur une planète telle que la nôtre disposent d'une liberté de choix complète. Ce choix ne devrait pas être influencé de manière directe. Ce choix doit inclure la seule chose importante dans l'Univers. Et c'est la décision de chaque Être d'accepter ou de rejeter son Créateur.

Références

Texte basé sur un message de

1 Oxal du 8 janvier 1974
2 Latui (Latwii) du 12 janvier 1974
3 Oxal du 14 janvier 1974
4 Hatonn du 2 février 1974
5 Hatonn du 3 février 1974
6 Hatonn du 13 février 1974
7 Hatonn du 18 février 1974
8 Hatonn du 21 février 1974
9 Hatonn du 2 mars 1974
10 Hatonn du 13 avril 1974
11 Hatonn du 30 avril 1974
12 Hatonn du 20 avril 1974

A propos des auteurs

Jochen Blumenthal est un auteur, éditeur et traducteur de littérature spirituelle et canalisée (retransmises par des médiums). Il a notamment, parmi d'autres livres, traduit The Ra Contact: Teaching the Law of One en Allemand.

Nicolas Turban est, depuis plusieurs années, un chercheur dans le domaine de la spiritualité et également traducteur en français de textes et de messages spirituels pour L/L Research.

À l'attention des lecteurs il souhaite transmettre sa réflexion inspirée à la suite de la traduction de ce livret: n'essayons pas de ressembler à quelqu'un d'autre, il est toujours bon de s'inspirer des meilleurs exemples mais dans le but de trouver son propre chemin, sa propre voie qui est celle du Cœur, afin d'arriver à être vraiment Soi, Soi à chaque instant, Amour.

Informations additionnelles

Maison d'édition *La Loi Une / Das Gesetz des Einen*-Verlag

Publications françaises *en coopération avec L/L Research, Louisville (Kentucky)*

Le Contact Ra: La Loi Une enseignée, Tome I & II
Traduction par Micheline Deschreider

Série *Initiation*

25 principes de réalité

format broché ISBN 978-3-945871-70-6
format kindle ASIN B00TS822Z6

Méditation

format broché ISBN 978-3-945871-72-0
format kindle ASIN B00TS822Z6

Jésus, Le Maître Enseignant (Trad. Nicolas Turban)

format broché ISBN 978-3-945871-76-8
format kindle ASIN B075YPLZ5S

Autres titres de L/L Research et Carla L. Rueckert

Traduction: Micheline Deschreider

Comment vivre la Loi Une - Niveau I Le Choix

format broché ISBN 978-3-945871-63-8
format kindle ASIN B019E06488

Vade mecum du pèlerin errant

format broché ISBN 978-3-945871-65-2
format kindle ASIN B073X5GRK2

Web

www.laloiune.eu

www.verlag.dasgesetzdeseinen.de

L/L Research

All of the messages, which Carla L. Rueckert together with Jim McCarty, Don Elkins and others received, are available along with many other works at the following web page:

www.llresearch.org

www.ingramcontent.com/pod-product-compliance
Ingram Content Group UK Ltd.
Pitfield, Milton Keynes, MK11 3LW, UK
UKHW012255290726
14090UKWH00016B/656

9 783945 871218